Inhalt

Wasser

Autorin: Susanne Altmeyer

1	Wasser im Haushalt sparen	2
2	Wasser verwandelt sich	4
3	Der Kreislauf des Wassers	5
4	Das Grundwasser	7
5	Woher kommt das Trinkwasser?	8
6	Im Klärwerk	10
7	Ist das Wasser sauber?	12
8	Wasser kann zerstören	15
9	Wasser kann nützen	18
10	Ein Wasserspiel	20

Das Kapitel **Mädchen sein – Junge sein** beginnt auf Seite 21.

1 Wasser im Haushalt sparen

1 Betrachtet die Bilder in der Gruppe, und beschreibt sie.

2 Sammelt Ideen, wie man Wasser sparen kann.
Schreibt eure Ideen in Stichworten auf die Notizzettel.

3 Stellt euch eure Ergebnisse vor.

Fünf Versuche

Wasser ändert ständig seine Form:
Mal ist es flüssig, mal fest oder gasförmig.
Diese drei Zustandsformen nennt man Aggregatzustände.

1 Führt in der Gruppe folgende Versuche durch, beschreibt eure Beobachtungen, und ordnet die richtigen Erklärungen zu.

2 Wenn ihr die richtigen Buchstaben eingesetzt habt, erhaltet ihr ein Lösungswort.

1. Versuch:
Gebt einen Eiswürfel in ein Glas.
Lasst das Glas auf dem Tisch stehen.
Was beobachtet ihr?

2. Versuch:
Füllt einen Teelöffel mit Wasser.
Erhitzt den Teelöffel über einem Teelicht, und beobachtet, was passiert.

3. Versuch:
Füllt Wasser in einen Eiswürfelbehälter, und stellt ihn über Nacht in die Tiefkühltruhe.
Betrachtet den Eiswürfelbehälter am nächsten Tag, und seht nach, was passiert ist.

4. Versuch:
Füllt drei Teelöffel Wasser in ein Glas, und lasst es über Nacht offen stehen.
Schaut euch das Glas am nächsten Tag an.

5. Versuch:
Füllt ein Marmeladenglas 1 Zentimeter hoch mit Wasser.
Legt den Deckel umgedreht auf das Glas.
Stellt das Glas auf ein Stövchen, und erhitzt das Wasser mehrere Minuten.
Beobachtet, was passiert.

Übergang vom flüssigen in den festen Zustand:
Wasser friert zu Eis, wenn seine Temperatur auf 0 Grad gesunken ist. (P)

Übergang vom festen in den flüssigen Zustand:
Eis schmilzt bei einer Temperatur über 0 Grad. (S)

Übergang vom flüssigen in den gasförmigen Zustand:
Wasser verdampft, wenn man es erhitzt und seine Temperatur 100 Grad erreicht. (U)
Bei einer Temperatur unter 100 Grad verdunstet Wasser. (E)

Übergang vom gasförmigen in den flüssigen Zustand:
Wasserdampf kondensiert, wenn er abgekühlt ist. (R)

Willi, der Wassertropfen

1. Willi, der Wassertropfen, kommt mit der Wolke Nummer sieben.
Willi, der Wassertropfen, reist manchmal um die ganze Welt.
Willi, der Wassertropfen, weiß, was die Wassertropfen lieben,
Willi, der Wassertropfen, tut, was auch dir und mir gefällt.

2. Mit seinen Freunden rutscht er auf 'nem Regenbogen runter
und klopft vielleicht auch mal an deiner Fensterscheibe an.
Auf einer Wiese werden viele Blumen wieder munter,
Willi, der Wassertropfen, weiß, was er kann, was er kann!

3. Unter der Erde wandern Willi und seine Freunde weiter.
An dicken Steinen, durch den Sand und an Höhlen vorbei.
Auch wenn es dunkel wird, Wassertropfen bleiben immer heiter,
denn irgendwo und irgendwann lässt die Dunkelheit sie frei.

4. Dann sprudeln alle Tropfen munter aus 'ner klaren Quelle,
purzeln Wasserfälle weit hinunter bis ins Tal.
Wassertropfen bleiben niemals an derselben Stelle,
schwimmen im Fluss bis ins weite Meer, jedes Mal, jedes Mal.

5. Dort in der Wassertropfenschule fühlen sie sich wie zu Hause,
denn jeder hört dem andern gerne zu, was der erzählen kann.
Auch die alten Wassertropfenlehrer, die staunen ohne Pause,
wie man bei den Menschen Freunde findet, steht heute' auf dem Stundenplan.

6. Bald klettern alle Tropfenkinder aus der Schule ganz nach oben
und melden sich zu einer Reise bei der heißen Sonne an.
Mit einem kleinen Trick da werden sie zum Himmel hochgezogen,
verwandeln sich in eine Wolke und der Wind schiebt sie an.

7. Willi, der Wassertropfen, kommt mit der Wolke Nummer sieben.
Willi, der Wassertropfen, reist manchmal um die ganze Welt.
Willi, der Wassertropfen, weiß, was die Wassertropfen lieben,
Willi, der Wassertropfen, tut, was auch dir und mir gefällt.

Dennis W. Ebert

6 Der Kreislauf des Wassers

1 Schneide die Textstreifen aus.

2 Ordne mit deinem Partner die Texte den richtigen Bildern zu.

3 Vergleicht eure Ergebnisse in der Gruppe, und klebt die Textstreifen auf.

Die Grundwasserbildung

Der Erdboden besteht aus verschiedenen Schichten: aus Erde, Sand, Kies und Lehm. Regenwasser sickert durch die Erdschicht, die Sandschicht und die Kiesschicht. Diese Schichten sind wasserdurchlässig. Über der wasserundurchlässigen Lehmschicht staut sich das Wasser. Dieses Wasser nennt man Grundwasser.

1 Lies den Text aufmerksam.

2 Unterstreiche den Namen der wasserundurchlässigen Schicht, auf der sich das Grundwasser sammelt.

Die natürliche Reinigung des Grundwassers

3 Probiert im Versuch aus, wie das Grundwasser auf natürliche Weise gereinigt wird!

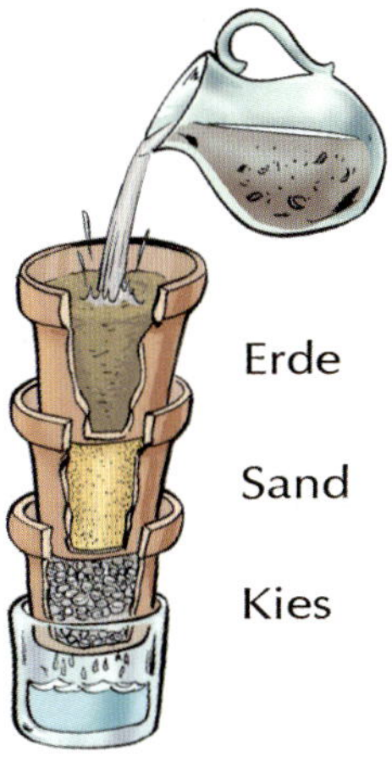

Ihr benötigt:
3 Tontöpfe mit Loch, 1 Glas, 1 Krug, Wasser, Erde, Sand, Kies und Schmutzwasser mit kleinen Zweigen und Blättern, Sägespänen oder Ähnlichem.

Versuchsbeschreibung:
Füllt einen Topf mit Erde, einen mit Sand und einen mit Kies, und stellt diese ineinander.
Stellt in einem Krug Schmutzwasser her.
Haltet die drei Töpfe nun über ein Glas, und gießt das Schmutzwasser langsam in den obersten Topf.

4 Beschreibt, wie das Wasser aussieht, wenn es unten herauskommt. Erklärt eure Beobachtung.

Das Grundwasser ist zwar von Schmutzteilchen gereinigt, aber trinken darf man es noch nicht. Es kann gefährliche Kleinlebewesen (Keime) enthalten, die so winzig sind, dass man sie nicht sieht.

Grundwasser und Oberflächenwasser

Bevor das Wasser aus unserer Wasserleitung kommt, wird es im Wasserwerk von Schmutz gereinigt. Die meisten Wasserwerke nutzen das Grundwasser, da es beim Durchlaufen verschiedener Erdschichten bereits gefiltert wurde. Aus tiefen Brunnen wird es nach oben gepumpt. Wo nicht genug Grundwasser zur Verfügung steht, wird Oberflächenwasser verwendet. Das ist Wasser, das aus Talsperren, Seen oder Flüssen entnommen und durch Rohre in das Wasserwerk geleitet wird.

1 Unterstreiche im Text, woher das Wasserwerk das Wasser gewinnt.
Trage die richtigen Begriffe unter den Bildern ein.

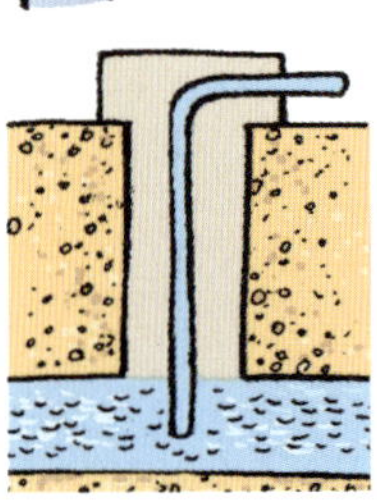

Die Aufbereitung von Grundwasser im Wasserwerk

Das im Wasserwerk ankommende Wasser bezeichnet man als Rohwasser. Es gelangt in einen Behälter, den so genannten Sammelbehälter.

Vom Sammelbehälter fließt das Wasser in den Belüftungsbehälter. Dort wird Luft in das Wasser eingeblasen. Diese verwandelt Eisen und Mangan in Flocken. Dem Wasser wird dadurch seine braune Farbe entzogen.

Vom Belüftungsbehälter gelangt das Wasser in den Sandfilter, der alle gebildeten Flocken und Bakterien herausfiltert.

Das im Trinkwasserbehälter ankommende Wasser ist gesundes und schmackhaftes Trinkwasser.

1 Lies den Text genau.

2 Setze das Puzzle zur Trinkwasseraufbereitung zusammen.

Der Reinigungsprozess des Grundwassers hängt von der Qualität des Grundwassers ab.

Oberflächenwasser wird durch den Einbau zusätzlicher Reinigungsstufen von Schadstoffen befreit.

Bevor das Trinkwasser in die Wohnung kommt, wird es vom Wasserwerk in einen Hochbehälter, der weiter oben steht, gepumpt. Von dort fließt es durch unterirdische Rohrleitungen in die einzelnen Häuser.

1 Lest den Text, und besprecht ihn in der Gruppe.

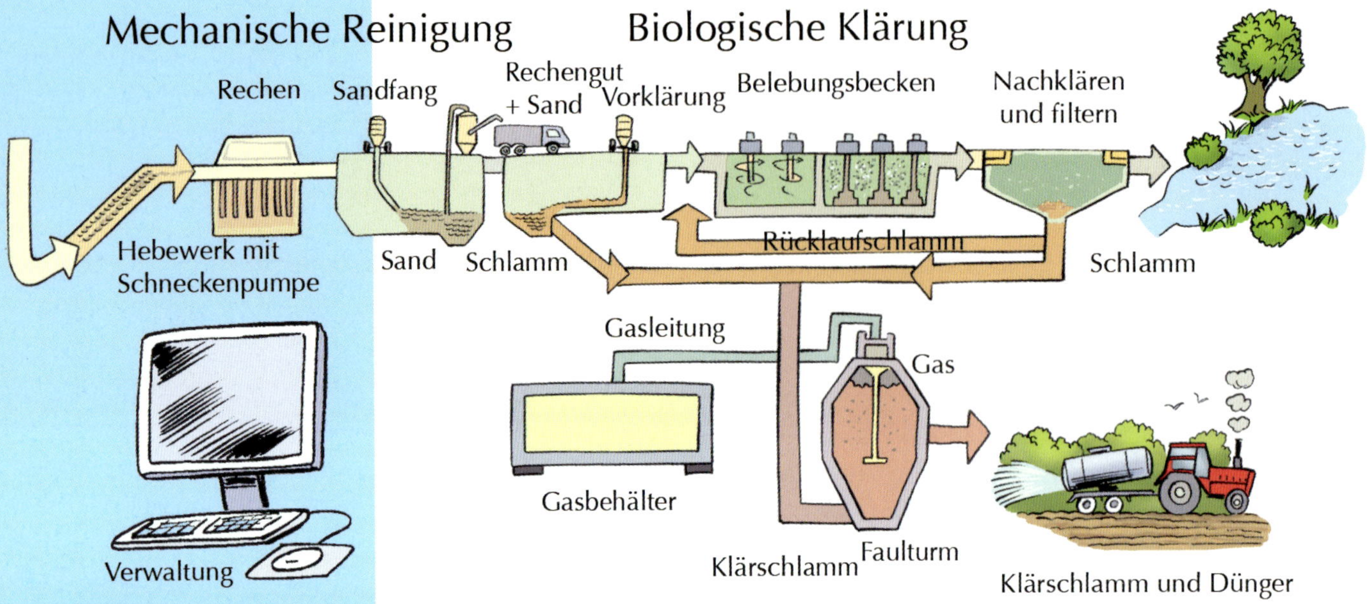

Wie das Klärwerk Schmutzwasser reinigt

Der Rechen

Zuerst läuft das verschmutzte Wasser aus Häusern und Fabriken durch den Rechen. Der Rechen ist die erste Reinigungsstufe in der Kläranlage. Er funktioniert wie ein Küchensieb, in dem die großen Stücke hängen bleiben.
Der Rechen hält groben Schmutz fest, wie beispielsweise Papier, Plastikteile oder Holz. Der Schmutz wird in einen Container befördert und entsorgt.

Der Fett- und Sandfang

Die zweite Reinigungsstufe ist der Fett- und Sandfang. In dieses Becken wird von unten Luft geblasen, welche die leichten Schmutzteilchen (z. B. Fett) nach oben an die Wasseroberfläche treibt. Die leichten Schmutzteilchen werden in eine Rinne geschoben und laufen ab. Die schweren Schmutzteilchen (Kies und Sand) sind schwerer als Wasser, sinken zu Boden und werden durch Rohre abgesaugt.

Das Trinkwasser wird zu Schmutzwasser. Durch große unterirdische Rohre wird es in die Kläranlage transportiert. Hier wird es gereinigt, bevor es zurück in die Flüsse geleitet wird. Das Reinigen des Abwassers ist ein aufwändiger Prozess, da mehrere Stufen durchlaufen werden müssen.

Solche Dinge verschmutzen das Wasser:
Öl, Farbreste und Medikamente sind Gifte in unserem Trinkwasser. Sie dürfen nicht in der Toilette entsorgt werden.
Auch Reinigungs- und Putzmittel sind nur schwer aus dem Wasser zu entfernen, man sollte sparsam damit umgehen.

Das Vorklärbecken

Im Vorklärbecken, der dritten Reinigungsstufe, bleibt das Wasser ungefähr zwei Stunden. In diesem Becken wird das Wasser durch eine Verringerung der Fließgeschwindigkeit entschlammt. Indem die Wasserströmung gebremst wird, sinken Schmutzteilchen auf den Grund. Auf dem Boden sammeln sie sich als Schlamm, der in den Schlammtrichter geschoben und abgesaugt wird.

Die ersten drei Reinigungsstufen entziehen dem Abwasser etwa 30 % seiner mitgeführten Schmutzmenge.
Das Wasser ist von sichtbaren Schmutzteilchen fast gereinigt. Verblieben sind gelöste Schmutzteilchen, die sich nicht absetzen können.

Das Belebungsbecken

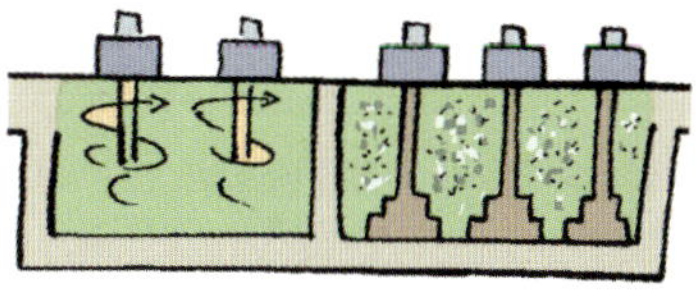

Die vierte Reinigungsstufe erfolgt im Belebungsbecken. Hier werden dem Wasser Bakterien, Hefen und Pilze zugeführt. Sie ernähren sich von den Schmutzteilchen und wandeln den Schmutz in Schlamm um, der dann abgeleitet wird. Für diesen Vorgang wird sehr viel Sauerstoff benötigt. Daher wird das Schmutzwasser immer wieder umgewälzt und mit Sauerstoff angereichert.

Das Nachklärbecken

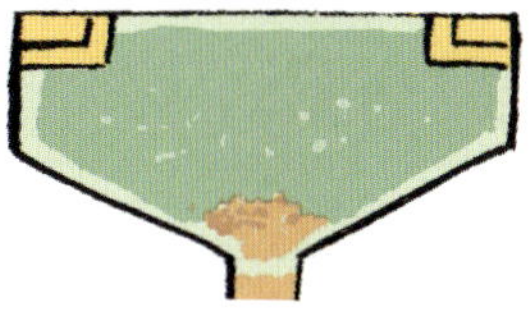

Die letzte Reinigungsstufe erfolgt im Nachklärbecken. Hier wird das Wasser-Schlamm-Gemisch bei reduzierter Fließgeschwindigkeit getrennt. Der Schlamm sinkt zu Boden, von wo er abgepumpt wird. Das gereinigte Wasser wird überprüft, bevor es in einen Fluss eingeleitet wird.

2 Betrachtet euch eine Reinigungsstufe genauer. Erstellt zu dieser Reinigungsstufe einen Spickzettel mit den wichtigsten Informationen.

Der Faulbehälter

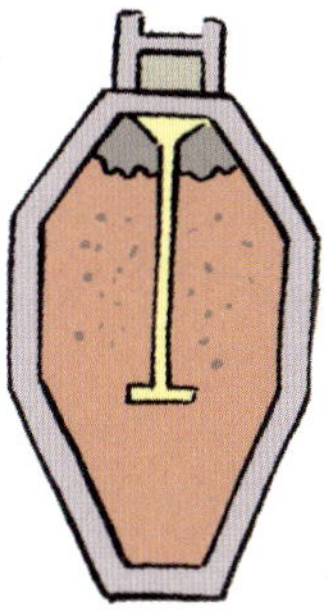

Der Klärschlamm wird zum Faulbehälter geleitet, in dem Bakterien viele schädliche Stoffe abbauen. Dabei entsteht Gas. Mit dem brennbaren Faulgas wird Strom und Fernwärme erzeugt. Anschließend wird der Klärschlamm getrocknet und auf Deponien gelagert, oder er wird in der Landwirtschaft als Dünger verwertet.

7 Ist das Wasser sauber?

Grundausstattung zur Wasseruntersuchung:
Sieb, Pinsel, Lupe, Schüssel, dein Schülerheft, Nachschlagewerke, Stift, Lineal, Notizblock und Gummistiefel.

Nehmt Rücksicht auf Pflanzen und Tiere am Bach!
- Vermeidet alles, was Tiere quälen könnte!
- Achtet darauf, wohin ihr tretet!
- Pflückt keine Pflanzen ab!
- Behandelt alle Wasserlebewesen sehr vorsichtig!
- Nehmt keine Tiere mit!

1 Untersuche einen Bach nach Lebewesen: Ziehe das Sieb am Boden des Gewässers entlang. Mit dem Pinsel kannst du dem Sieb Tiere entnehmen oder von Steinen lösen.

2 Setze die Tiere, die du gefunden hast, vorsichtig in eine Schüssel mit Wasser. Beobachte sie genau mit deiner Lupe.

3 Finde die Namen der Tiere heraus. Schau in der Tabelle oder einem Nachschlagewerk nach.

4 Notiere Namen und Fundorte deiner Tiere auf deinem Notizblock.

Willst du wissen, wie sauber das Wasser eures Baches ist? Dann betrachte die Lebewesen darin.

Beurteilung des Wassers	Lebewesen
sauberes Wasser	 Flache Eintagsfliegenlarve, Libellenlarve, Steinfliegenlarve, Schlammfliegenlarve, Köcherfliegenlarve mit Köcher
belastetes Wasser	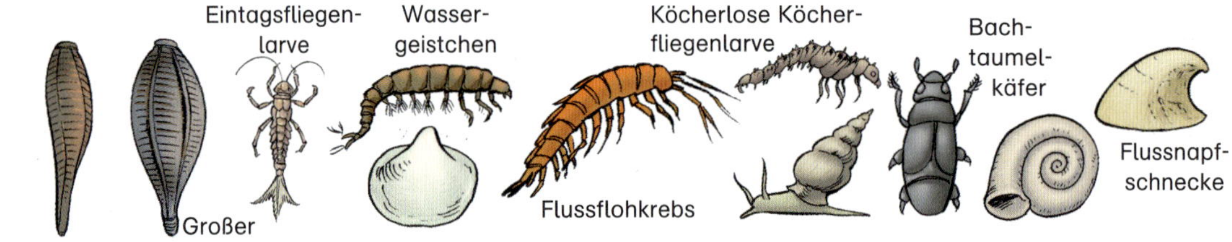 Zweiäugiger Plattegel, Großer Schneckenegel, Eintagsfliegenlarve, Wassergeistchen, Kugelmuschel, Flussflohkrebs, Köcherlose Köcherfliegenlarve, Langfühlerige Schnauzenschnecke, Bachtaumelkäfer, Posthornschnecke, Flussnapfschnecke
stark verschmutztes Wasser	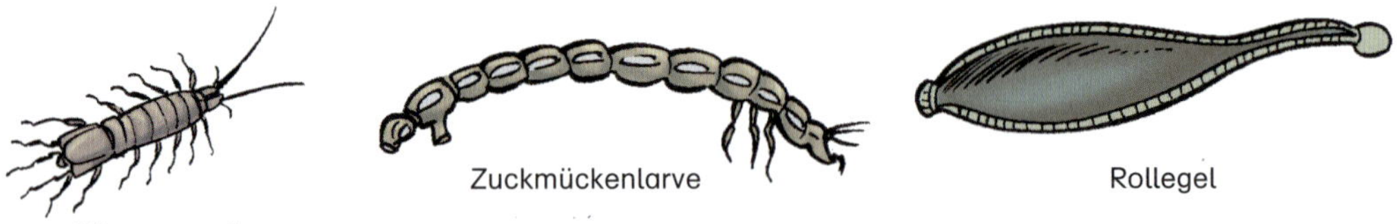 Wasserassel, Zuckmückenlarve, Rollegel
übermäßig verschmutztes Wasser	 Schlammröhrenwurm, Rattenschwanzlarve

5 Stellt euch in der Gruppe die Tiere vor, die ihr gefunden habt.

6 Zeichnet sie an die richtige Stelle in der Tabelle, und schreibt ihre Namen dazu.

Bachtiere zur Bewertung der Qualität des Wassers	
Beurteilung des Wassers	Lebewesen
sauberes Wasser	
belastetes Wasser	
stark verschmutztes Wasser	
übermäßig verschmutztes Wasser	

7 Welche Aussage kann eure Gruppe über die Qualität des Wassers machen? Begründet.

Tierische Indikatoren sind Lebewesen, die typisch für Gewässer mit besonderen Bedingungen sind. Durch ihr Vorkommen oder Fehlen kannst du die Qualität des Wassers beurteilen.

Informiere dich im Internet. Was kannst du noch über dein Tier herausfinden?

Beschreibe dein Bachtier auf einem Blatt in ganzen Sätzen. Verrate aber seinen Namen nicht!
Tauscht eure Beschreibungen untereinander aus, und lest sie nacheinander vor.
Wer errät den Namen des Tieres?

Steckbrief

1 Wähle dir ein Bachtier aus, und schreibe einen Steckbrief.

2 Zeichne dein Tier.

Name deines Tieres: ______________________

Aussehen: ______________________

Anzahl der Beine: ______________________

Körperform: ______________________

Körperlänge: ______________________

Besondere Kennzeichen: ______________________

____

Lebensraum (Fundort): ______________________

Bewegung: ______________________

Für welche Wasserqualität ist dein Tier Indikator? ______________________

____

1 Lies den Text aufmerksam.

2 Markiere die wichtigsten Informationen, und erstelle dir einen Stichwortzettel.

Flüsse treten über die Ufer

Von Hochwasser oder Überschwemmung spricht man, wenn Gewässer über die Ufer treten. Dies kann im Sommer passieren, nachdem es sehr stark geregnet hat. Man spricht dann von einem Sommerhochwasser. Es gibt auch ein so genanntes Winterhochwasser. Das wird verursacht durch Schnee, der schmilzt.

Nicht selten sind bei Hochwasser ganze Straßen in Dörfern und Städten überschwemmt oder zerstört. Sie können nicht mehr befahren werden.

Das Hochwasser bringt Schlamm mit. Wenn das Wasser abläuft, bleibt er zurück. Er ist voller Keime und Krankheitserreger. Deshalb ist es wichtig, dass die Katastrophenhelfer so schnell wie möglich mit den Aufräumarbeiten beginnen. Dabei sollten sie Handschuhe, Gummistiefel und feuchtigkeitsabweisende Kleider tragen.

Ein Frühwarnsystem ist eine Einrichtung, die aufkommende Gefahren frühzeitig als solche erkennt und möglichst schnell darüber informiert. Durch solch eine rechtzeitige Warnung können die Menschen vor dem Eintreffen der Tsunamiwelle ihre Häuser verlassen und sich in Sicherheit bringen.

3 Lies den Text aufmerksam.

4 Markiere die wichtigsten Informationen, und erstelle dir einen Stichwortzettel.

Tsunamis zerstören Küstengebiete

Ein Erdbeben im Meer kann eine Überschwemmung an der Küste verursachen.
Das Wort „Tsunami" kommt aus dem Japanischen und bedeutet so viel wie „große Welle im Hafen".
Ein Tsunami ist eine Flutwelle. Sie besteht aus mehreren riesigen Wellen, die beim Auftreffen an der Küste so hoch wie ein Haus sein können.
Der Tsunami kann Dörfer und Städte zerstören.

Es gibt Frühwarnsysteme, die anzeigen, wenn ein Erdbeben unter dem Meer (Seebeben) stattfindet.
Sofort werden die Menschen gewarnt.

Schon sehr viele Menschen haben ihr Leben verloren, weil sie nach der ersten Tsunamiwelle in ihre Wohnungen und Häuser zurückgekehrt sind.
Dort wurden sie dann von einer weiteren, teilweise noch stärkeren Riesenwelle überrascht.

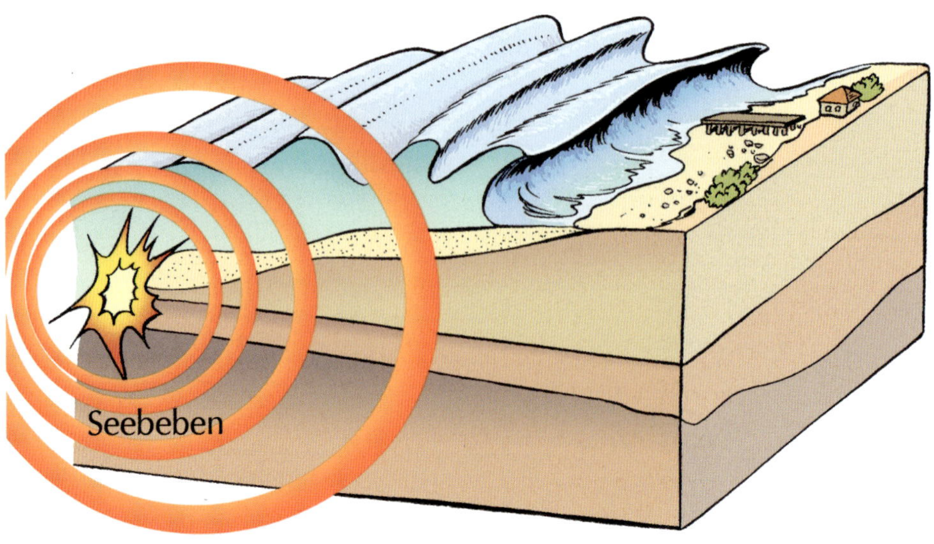

5 Formuliert in der Gruppe einen Einstiegssatz und drei Argumente zu folgendem Zielsatz:

... Und deshalb kann Wasserkraft großen Schaden anrichten.

5-Satz-Übung

Einstiegssatz: ______________________________

____

1. Argument: ______________________________

____

2. Argument: ______________________________

____

3. Argument: ______________________________

____

Zielsatz: Und deshalb kann Wasserkraft großen Schaden anrichten.

1 Betrachte die Abbildung genau.

2 Fülle die Lücken im Text aus.

Stromerzeugung im Wasserkraftwerk

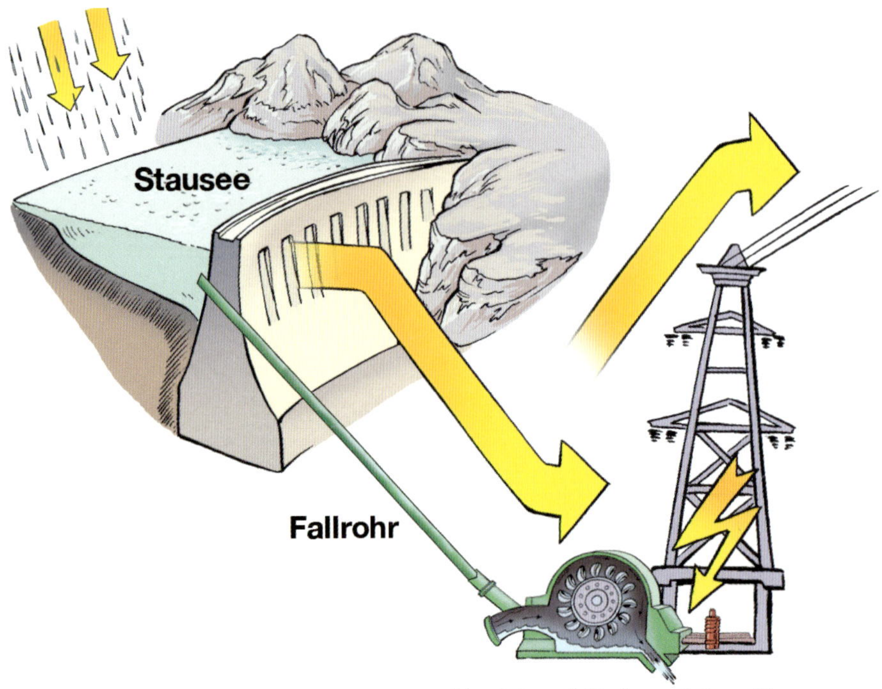

Die gewaltigsten Kräfte besitzt Wasser, wenn es abwärts fließen kann. Die Kraft des herabstürzenden Wassers wird im Wasserkraftwerk zur Erzeugung von Strom genutzt. Dazu müssen große Wassermassen zunächst hinter Mauern aufgestaut werden. Indem sich dort das Wasser von Bächen und Flüssen sammelt, entsteht ein riesiger künstlicher ______________ . Durch ein ______________ wird das Wasser mit sehr hohem Druck bergab geleitet. Unten trifft es auf die ______________ , die durch das Wasser angetrieben wird und sich schnell dreht. Die Turbine ist mit einem elektrischen Generator gekoppelt. Das ist eine Maschine zur Stromerzeugung. Die Wasserkraft wird in Strom umgewandelt. In einem Transformator wird der Strom so umgeformt, dass er über ein Leitungsnetz an die Haushalte verteilt werden kann.

3 Sprich mit deinem Partner über den Text.

4 Formuliert nun W-Fragen, auf die der Text Antwort gibt, und markiert die Antwort im Text.

5 Notiert die Fragen auf dem Block.

6 Tauscht in der Gruppe eure Fragen aus, und einigt euch auf fünf wesentliche Fragen, die ihr als Reporter über die Stromerzeugung im Wasserwerk stellen möchtet.

7 Notiert eure Fragen.

1. ____

____ ?

2. ____

____ ?

3. ____

____ ?

4. ____

____ ?

5. ____

____ ?

?

Obwohl die Wasserkraft als eine der umweltfreundlichsten Energiequellen zählt, hat auch sie Nachteile. Welche könnten das sein?
Informiere dich über die Nachteile von Wasserkraftwerken für Menschen, Tiere und Pflanzen.
Sammle Argumente, die für den Bau eines Wasserkraftwerkes sprechen und Argumente, die dagegen sprechen.
Führe eine Pro- und Kontra-Diskussion mit deinen Mitschülern.

10 Ein Wasserspiel

Fragekarte
▶ Welche Erdschicht ist wasserundurch-lässig?

Auftragskarte
▶ Nenne zwei Möglichkeiten, Wasser im Haus-halt zu sparen.

Plant gemeinsam ein Spiel zum Thema Wasser, und fertigt es an.

1 Sammelt in der Gruppe Fragen und Antworten zum Thema Wasser.
Notiert sie zuerst auf dem Notizblock, und kontrolliert sie dann. Gestaltet nun Frage-Antwort-Kärtchen, und übertragt eure Fragen und Antworten.

2 Gestaltet ein Spielfeld.

3 Formuliert die Spielanleitung. Schreibt zuerst einen Entwurf auf den Notizblock, überprüft ihn auf Vollständigkeit.
Dann schreibt ihr die Spielanleitung ins Schülerheft.

Spielanleitung

Ziel des Spieles: ____________________

____

____

____

Vorbereitung: ____________________

____

____

____

Spielregeln: ____________________

____

____

____

____

4 Tauscht eure Spiele untereinander aus, und erprobt sie. Nehmt, falls nötig, Verbesserungen vor.

Inhalt

Mädchen sein – Junge sein

Autorin: Susanne Altmeyer

1 Liebe **22**

2 Was ist eigentlich Liebe? **23**

3 Angenehme und unangenehme Gefühle **24**

4 Jungen und Mädchen **26**

5 Die Geschlechtsorgane und innere Prozesse **28**

6 Veränderungen in der Pubertät **30**

7 Wie entsteht ein Kind? **33**

8 Ein Baby entwickelt sich **35**

9 Die Geburt **37**

10 Was ein Baby braucht **39**

1 Betrachte die Bilder.

2 Hast du Fragen zu den Themen Liebe, Gefühle, Unterschiede zwischen Jungen und Mädchen, Veränderungen des Körpers beim Erwachsenwerden, Entstehung eines Babys …?
Notiere die Fragen auf dem Notizblock.

3 Tausche deine Fragen mit einem Partner aus.
Einigt euch auf vier wesentliche Fragen, und schreibt sie wiederum auf den Notizblock.

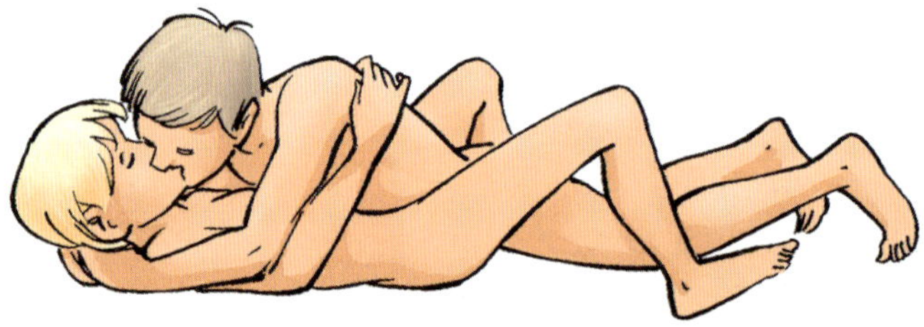

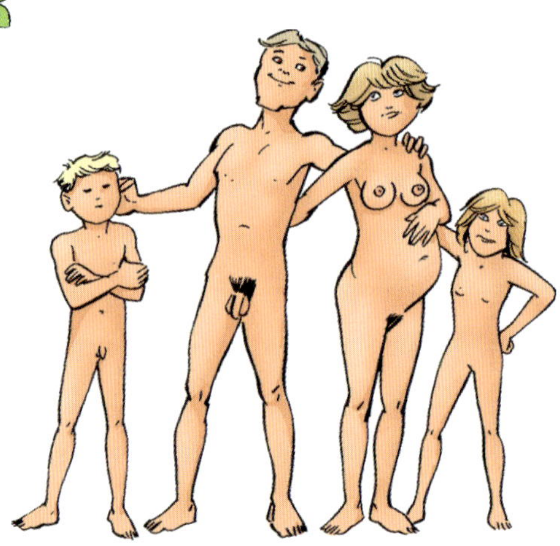

4 Einigt euch in der Gruppe auf fünf wesentliche Fragen, die im Unterricht beantwortet werden sollen.
Schreibt eure Fragen auf Karteikärtchen.

Es gibt ganz unterschiedliche Formen von Liebe:
Liebespaare lieben sich.
Eltern und Kinder lieben sich.
Geschwister haben sich lieb.
Freunde haben sich lieb.
Menschen haben Tiere lieb.

1 Vervollständige den Satz.

Liebe kann ich daran erkennen, dass ____________________

____

____

Küsse können ganz unterschiedlich sein. Liebespaare küssen sich ganz anders, als Freunde oder Eltern und Kinder sich küssen. Küssen kann daher auch ganz verschiedene Bedeutungen haben.

2 Ergänze.

Küssen bedeutet für mich, dass ____________________

____

____

Streicheln, anfassen, schmusen und sich in die Arme nehmen fühlt sich meistens gut an.

3 Ergänze.

Kuscheln ist für mich, ____________________

____

____

4 Lest in der Gruppe eure Sätze vor. Sprecht darüber.

5 Gestaltet ein Plakat zum Thema Liebe.
Ihr könnt malen, schreiben und Bilder, die euch gefallen, ausschneiden und aufkleben.

3 Angenehme und unangenehme Gefühle

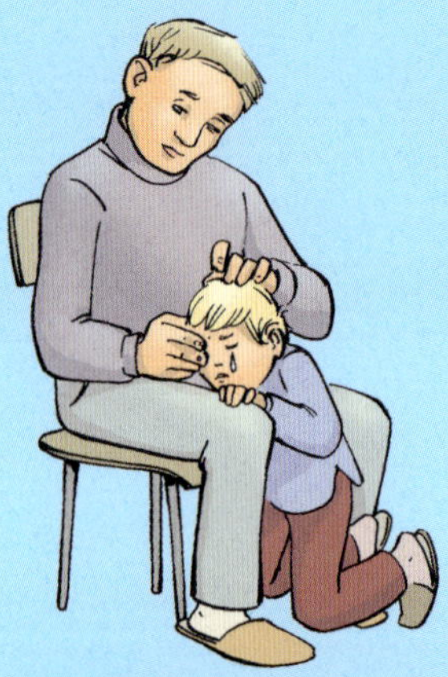

1 Überlege dir Situationen, die du angenehm oder unangenehm empfindest.

2 Besprecht eure Ideen in der Gruppe.

3 Schreibt die Sätze in die entsprechende Spalte.

Angenehme Gefühle	Unangenehme Gefühle
Ich werde getröstet.	Ich bekomme einen nassen Hundeschlabber- kuss.
Ich kuschele mit Mama.	Ich werde in der Pause von Mitschülern festgehalten.

4 Lest den Text gemeinsam, und sprecht darüber.

Du darfst nein sagen

Es gibt viele unterschiedliche Küsse: Begrüßungsküsse, Gute-Nacht-Küsse, Geburtstagsküsse oder Küsse einfach so, weil jemand dich lieb hat.
Meistens sind Küsse schön und machen angenehme Gefühle. Es gibt aber auch Küsse, die eklig sind. Vielleicht möchte dich jemand küssen, den du nicht magst. Dann darfst du **nein** sagen.

Auch Berührungen fühlen sich meistens gut an und passieren jeden Tag mit Menschen, die du magst.
Hast du aber keine Lust zum Anfassen und Kuscheln oder fühlt sich das Streicheln komisch an, darfst du sagen:
„Stopp, das will ich nicht!“

5 Überlege dir, was die Kinder auf den Bildern sagen könnten. Beschrifte die Sprechblasen.

1 Schneide die Puzzleteile aus.

2 Setze das Puzzle zusammen, und klebe es auf.

3 Wie heißen die Körperteile? Benennt die Körperteile in Partnerarbeit, und beschriftet sie anschließend.

Brust

weibliches Geschlechtsteil

Hand

Knie

Fuß

Oberarm

Kopf

männliches Geschlechtsteil

Hals

Schulter

4 Welche Begriffe sind euch für die männlichen und weiblichen Geschlechtsteile bekannt?

5 Tauscht euch in der Gruppe aus, und beschriftet die Karteikärtchen.

6 Sammelt alle Begriffe, und sprecht darüber.
Legt Begriffe für die Verwendung im Unterricht fest!

7 Beschrifte die äußeren Geschlechtsorgane von Jungen und Mädchen.

Ordne diese Begriffe zu:

kleine Schamlippen

Eichel

Penis

Scheide

große Schamlippen

Hodensack

Brust

1 Lies den Text aufmerksam.

2 Markiere die wichtigsten Informationen, und erstelle einen Stichwortzettel.

So ist es beim Mädchen

Äußerlich sichtbares Geschlechtsorgan bei Mädchen ist die Scheide. Sie wird von den großen und kleinen Schamlippen geschützt. Die Scheide führt in die Gebärmutter. Die Gebärmutter ist eine richtige Höhle. Darin kann ein Baby heranwachsen.

Rechts und links von der Gebärmutter liegt je ein Eierstock. Zwei Tunnel führen von den Eierstöcken in die Gebärmutter. Man nennt sie Eileiter. Jeder Eierstock ist so groß wie eine Pflaume. In den Eierstöcken entstehen die Eizellen.

Einmal im Monat gelangt eine Eizelle aus dem Eierstock durch den Eileiter in die Gebärmutter. Wird die Eizelle nicht befruchtet, wird die Schleimhaut der Gebärmutter mit der Eizelle durch die Scheide ausgeschieden. Dabei blutet es. Das tut meistens nicht weh. Nach etwa fünf Tagen hört die Blutung wieder auf. Diese Blutung nennt man auch Menstruation. Sie wiederholt sich jeden Monat.

Die Menstruation tritt irgendwann zwischen dem 9. und 16. Lebensjahr ein. Ab diesem Zeitpunkt kann das Mädchen ein Kind bekommen.

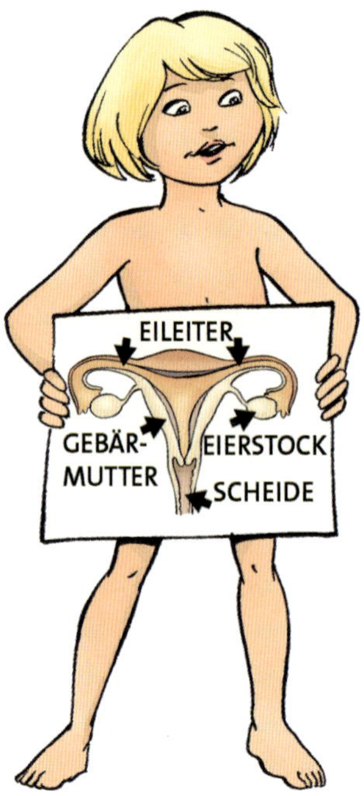

Der Menstruationszyklus

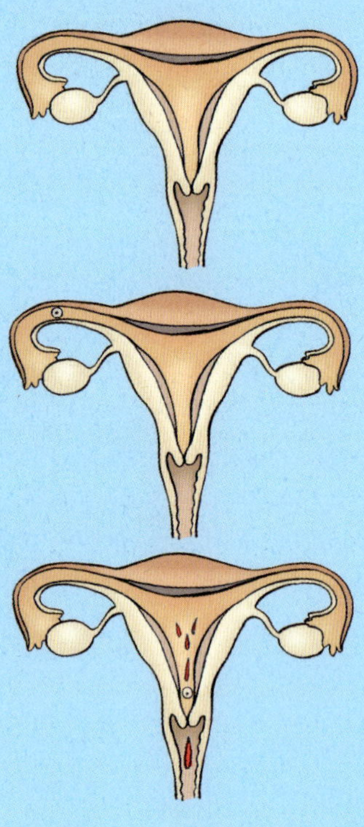

3 Lies den Text aufmerksam.

4 Markiere die wichtigsten Informationen, und erstelle einen Stichwortzettel.

So ist es beim Jungen

Äußerlich sichtbare Geschlechtsorgane bei Jungen sind der Penis und darunter der Hodensack. An der Spitze des Penis sitzt die Eichel. Die Vorhaut schützt die Eichel vor Verletzungen.

Im Hodensack liegen zwei Hoden. Sie sind ungefähr so groß wie Bohnen. In den Hoden werden die Spermien hergestellt. Dies beginnt ungefähr ab dem 12. Lebensjahr. Spermien sind Samenzellen, die ein Mann für die Zeugung von Kindern braucht. Spermien sind sehr klein und können sich schnell bewegen. Durch die Samenleiter und die Harnröhre im Penis können die Spermien herauskommen. Sie fließen durch die kleine Öffnung, die sich an der Spitze der Eichel befindet.

Zwischen dem zwölften und dem fünfzehnten Lebensjahr haben Jungen häufig eine Erektion. Dabei füllt sich der Penis mit Blut, er wird groß und steif. Kommt die weiße Flüssigkeit (Spermien) aus dem Penis heraus, so nennt man das Samenerguss. Das ist ein schönes Gefühl. Fließt das Blut in den Körper zurück, wird der Penis wieder klein und weich.

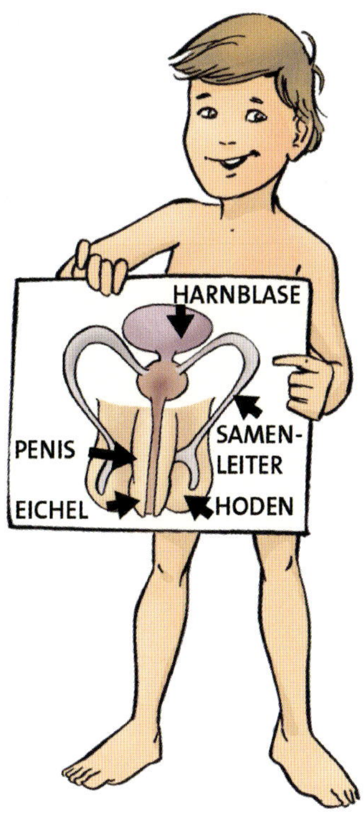

Die Samenzelle sieht aus wie eine Kaulquappe. Sie ist nur unter einem Mikroskop zu erkennen.
Jede Samenzelle hat einen Kopf, ein Mittelstück und einen Schwanz.

Während du heranwächst, verändert sich dein Körper ständig. Nicht nur in deinem Körper geschehen Veränderungen. Auch äußerlich ist die Entwicklung vom Mädchen zur Frau oder vom Jungen zum Mann deutlich sichtbar.

1 Betrachtet die Bilder hier und auf S. 31 in der Gruppe. Beschreibt die äußeren Veränderungen bei Jungen und Mädchen in der Pubertät. Die Begriffe auf S. 31 helfen euch dabei.

Die Veränderungen beim Mädchen

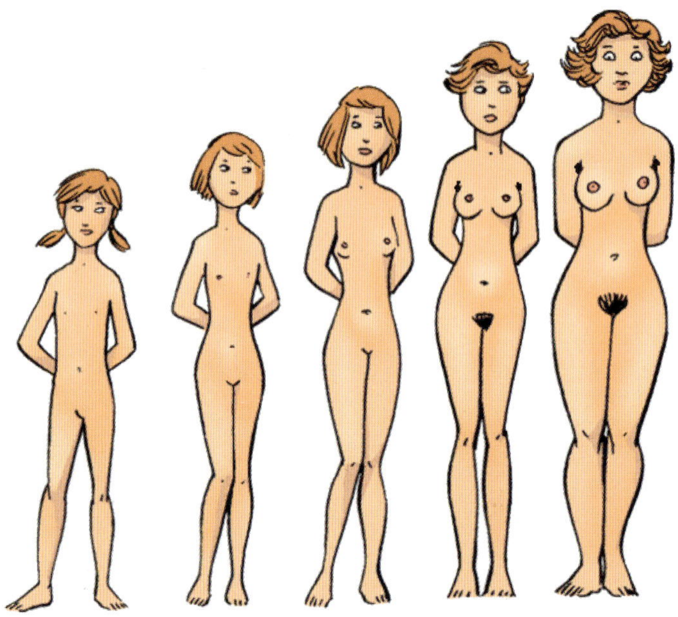

Äußere Veränderungen	Veränderungen im Körper

2 Füllt nun gemeinsam die Tabellen aus.
Erinnert euch dabei auch an die Veränderungen, die im Körper geschehen. Überprüft eure Lösungen mithilfe der Texte auf S. 28 und S. 29.

Diese Begriffe helfen euch, die äußeren Veränderungen zu beschreiben:

- Achselhaare
- Schamhaare
- Brüste
- Hüften
- Schultern
- Barthaare
- Brusthaare
- wachsen
- werden breit
- werden rundlich

Die Veränderungen beim Jungen

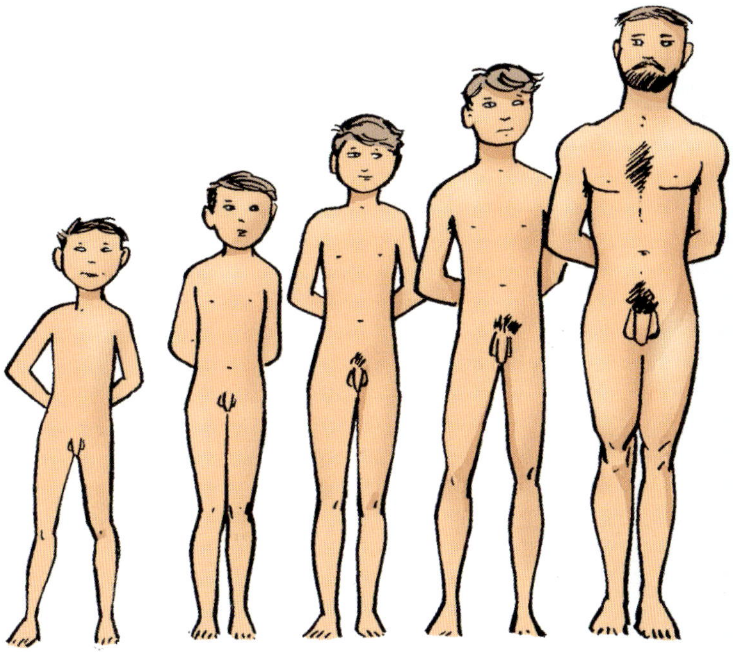

Äußere Veränderungen	Veränderungen im Körper

3 Verfasst in Partnerarbeit einen Lückentext zum Thema „Veränderungen von Jungen in der Pubertät" **oder** „Veränderungen von Mädchen in der Pubertät".

4 Schreibt die gesuchten Begriffe auf den Zettel am Rand.

5 Tauscht nun eure Lückentexte untereinander aus, und bearbeitet sie.
Stellt euch gegenseitig eure Ergebnisse vor.
Ist euch das Ausfüllen des Lückentextes leicht- oder schwergefallen? Begründet.

1 Lest gemeinsam den Text, und besprecht ihn.

Wenn sich ein Mann und eine Frau lieben, wollen sie sich ganz nah sein. Sie schmusen, streicheln und küssen sich. Der Penis des Mannes wird dann ganz groß und steif.
Will ein Paar miteinander schlafen, führt der Mann seinen steifen Penis in die Scheide der Frau ein. Dann bewegen sich beide miteinander. Das empfinden sie als sehr, sehr schön. Ihr Atem geht schnell, und ihr Herz schlägt rascher. Wenn es so schön ist, dass es schöner nicht mehr werden kann, kommt es zum Höhepunkt der Gefühle.
Dabei hat der Mann einen Samenerguss. Samenzellen fließen aus seinem Penis in die Scheide der Frau.
Von dort wandern die Samenzellen durch die Gebärmutter bis in die Eileiter, um eine Eizelle zu finden. Nur die schnellste Samenzelle bohrt sich in die Eizelle hinein und verschmilzt mit ihr. Die Eizelle ist nun befruchtet. Die mit der Samenzelle verschmolzene Eizelle wandert durch den Eileiter in die Gebärmutter und nistet sich dort in der Schleimhaut ein. Aus dem winzigen Ei beginnt sich ein Kind zu entwickeln. Die Frau ist schwanger.

2 Du erhältst von deiner Lehrerin oder deinem Lehrer eine Seite mit fünf Textstreifen.
Schneide die Textstreifen aus.

3 Ordne mit deinem Partner die Texte den richtigen Bildern auf S. 34 zu.

4 Vergleicht eure Ergebnisse in der Gruppe, und klebt die Textstreifen auf S. 34 in die Rahmen.

!

Nur an wenigen Tagen im Monat können die Samenzellen im Eileiter auf eine Eizelle treffen:

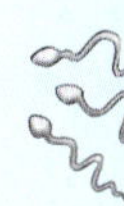

Periode	1	◄ EIN ZYKLUS
	2	Einmal im Monat hat die Frau ihre Periode.
	3	
	4	
	5	
	6	
	7	
	8	
	9	
	10	
	11	
Eisprung	12	**Eisprung:** Das Ei verlässt den Eierstock. Es wandert durch den Eileiter. In dieser Zeit können die Samen des Mannes das Ei befruchten.
	13	
	14	
	15	
	16	
	17	
	18	
	19	
	20	
	21	
	22	
	23	
	24	
	25	
	26	
	27	
	28	
	29	
	30	
	31	
	32	
	33	
	34	
	35	
	36	
	37	
	38	
	39	
	40	

Wie entsteht ein Kind?

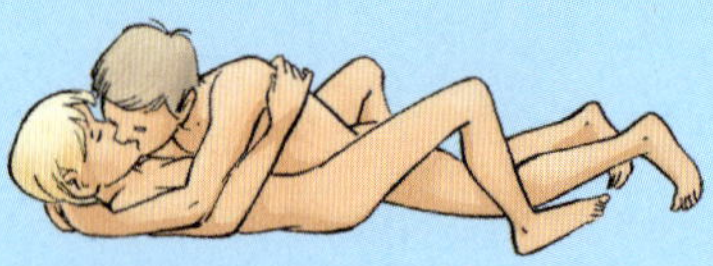

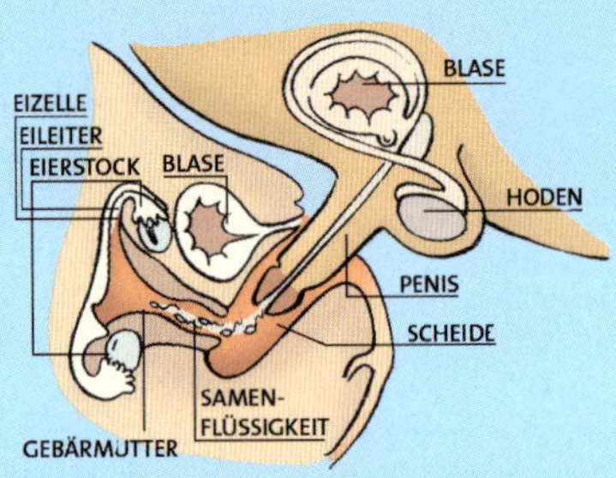

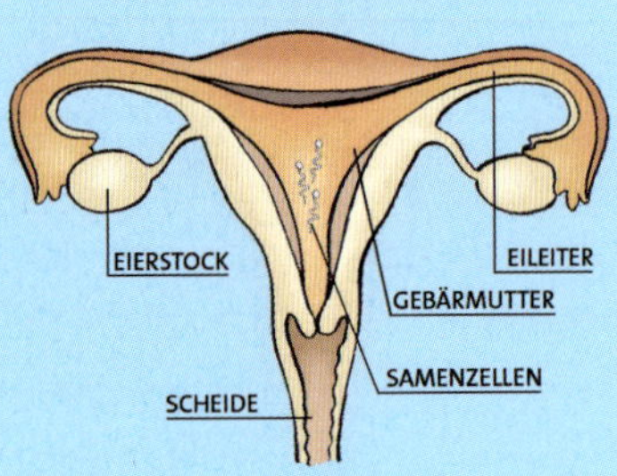

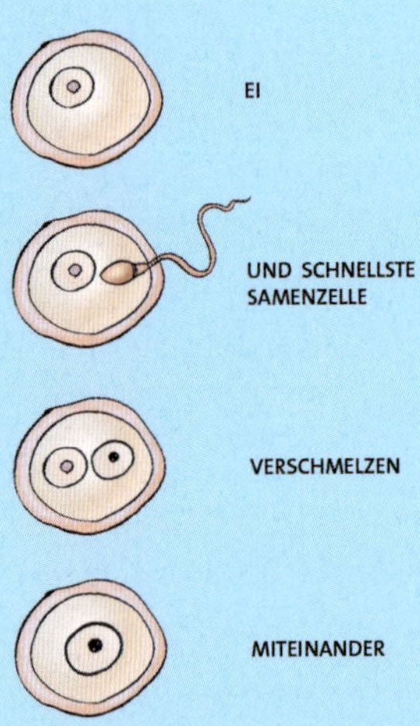

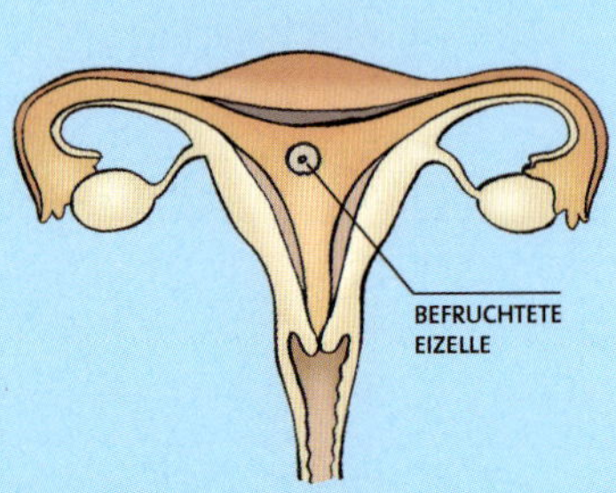

Nachdem sich die befruchtete Eizelle in der Gebärmutter eingenistet hat, bildet sich um sie herum die **Fruchtblase**. Die Fruchtblase ist mit warmem Wasser gefüllt, dem **Fruchtwasser**. Die Fruchtblase schützt das Baby. Dass das Baby von Wasser umgeben ist, stört es nicht, denn es muss nicht atmen. Sauerstoff und Nahrung bekommt es durch die **Nabelschnur**, einem Schlauch an seinem Bauch. Dadurch ist das Baby mit seiner Mutter verbunden. Auch die Ausscheidungen des Babys werden durch die Nabelschnur abtransportiert.

1 Lies den Text genau, und beschrifte die Abbildung.

DIE VERSORGUNG DES BABYS IM BAUCH DER MUTTER

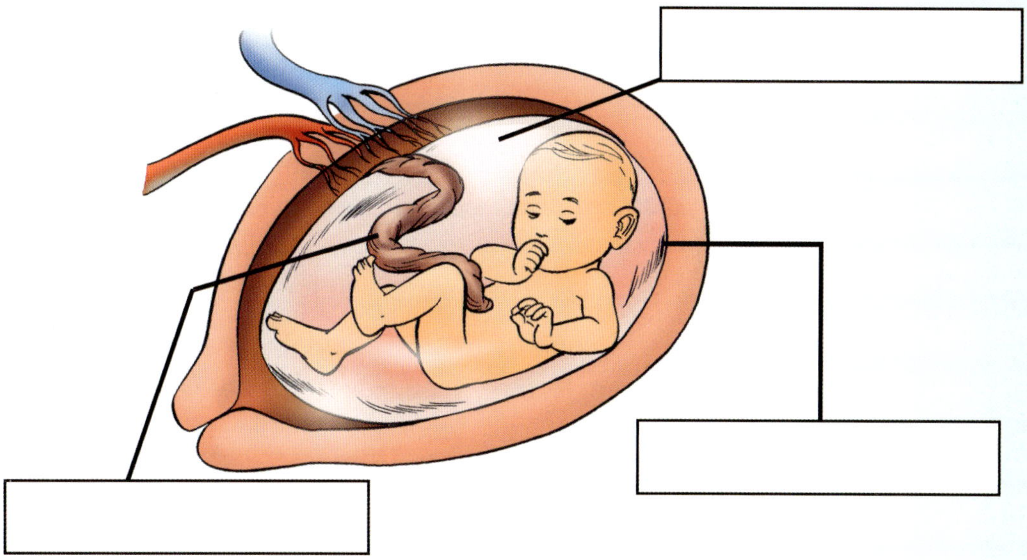

2 Vergleicht eure Ergebnisse in der Gruppe.

3 Gibt es auch Bilder von dir im Bauch deiner Mutter? Vielleicht darfst du sie deinen Mitschülern zeigen oder sogar hier eines einkleben.

4 Lest in der Gruppe die folgende Tabelle genau durch, und besprecht sie.

	Größe	Entwicklungsmerkmale	Was das Baby kann
1. Monat	etwa 5 mm	Das Herz schlägt.	
2. Monat	etwa 3 cm	Kopf und Körper sind zu erkennen.	
3. Monat	etwa 15 cm	Alle Körperteile sind zu erkennen.	Das Kind fängt an sich im Wasser der Fruchtblase zu bewegen.
4. Monat	etwa 20 cm	Das Baby bekommt Fingernägel.	Der Arzt kann erkennen, ob es ein Junge oder ein Mädchen wird.
5. Monat	etwa 25 cm	Dem Baby wachsen Haare. Auch Augenbrauen und Wimpern wachsen.	Das Baby kann den Kopf drehen, die Hände öffnen und zu Fäusten schließen.
6. Monat	etwa 33 cm	Das Baby kann Geräusche und die Stimmen seiner Eltern hören.	Das Baby kann die Augen öffnen und schließen. Es liegt mit dem Kopf nach oben in der Gebärmutter.
7. Monat	etwa 39 cm	Alle Organe des Babys (Magen, Leber, Nieren, ...) sind nun fertig ausgebildet und funktionieren.	Käme das Baby jetzt auf die Welt, könnte es bereits überleben.
8. Monat	etwa 45 cm	Das Baby ist ausgewachsen.	Für das Baby wird es eng. Es zieht Arme und Beine an und dreht sich mit dem Kopf nach unten.
9. Monat	etwa 50 cm	Das Baby nimmt noch etwas an Gewicht zu. Mit dem Kopf nach unten ist es bereit für die Geburt.	Das Baby wiegt ungefähr 3 kg. Es ist also so schwer wie drei Tüten Saft.

5 Übe mit deinem Partner einen Vortrag über die Entwicklung des Babys im Bauch der Mutter.
Ihr dürft euch einen Spickzettel gestalten, auf den ihr alles, was euch wichtig ist, notieren und zeichnen dürft.

1 Lies den Text aufmerksam.

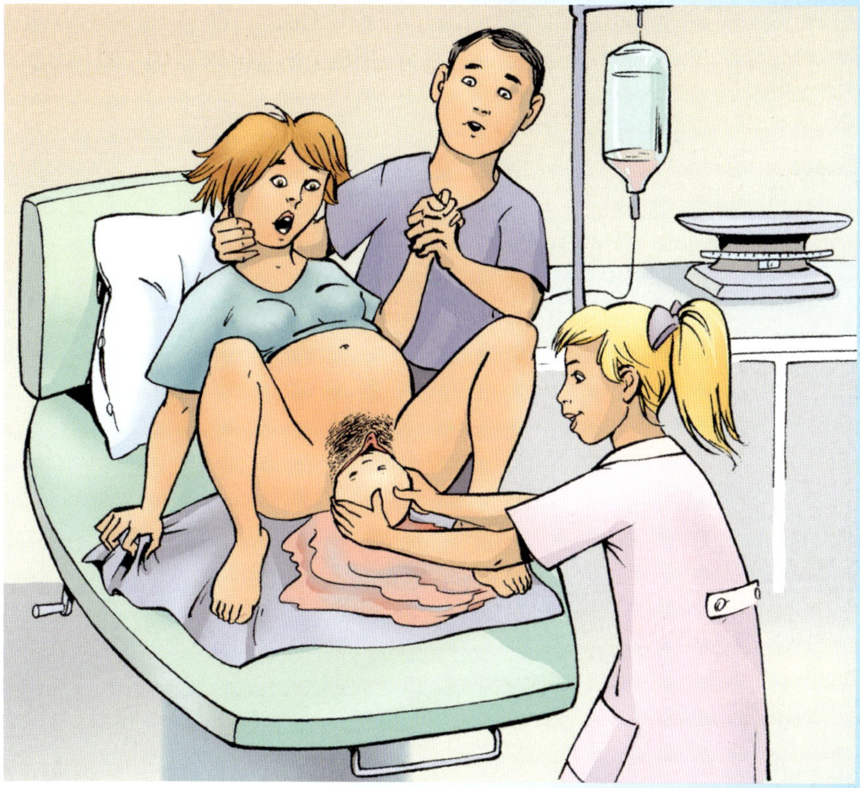

Die Mutter merkt, wenn ihr Baby aus dem Bauch herauskommen möchte. Sie bekommt Wehen. So bezeichnet man die Schmerzen im Bauch. Sie entstehen, weil sich die Öffnung der Gebärmutter und die Scheide weiten müssen, damit das Baby hindurchpasst.
Jetzt muss die Mutter ins Krankenhaus gebracht werden, wo ein Arzt oder eine Hebamme bei der Geburt helfen. Die Wehen können mehrere Stunden dauern. Mit jeder Wehe wird das Baby weiter aus der Gebärmutter heraus zur Scheide gedrückt. Die Geburt ist sehr anstrengend für die Frau und tut weh.
Gegen Ende der Geburt presst die Mutter Muskeln im Unterleib zusammen. Das Baby wird mit dem Kopf zuerst durch die Scheide hinausgeschoben.
In dem Augenblick, in dem das Baby endlich da ist, hat die Mutter die Schmerzen fast schon wieder vergessen.
Dann zählt nur noch die Freude. Gleich nach der Geburt wird die Nabelschnur durchtrennt. Jetzt muss das Baby zum ersten Mal Luft holen. Schließlich wird das Kind untersucht, gebadet und angezogen.

!

Mit dem Bauchschnitt, dem so genannten Kaiserschnitt, kann das Baby auch auf die Welt kommen. Auf diesem Weg wird das Baby jedoch nur auf die Welt geholt, wenn die Geburt durch die Scheide nicht möglich ist, weil das Baby nicht mit dem Kopf nach unten liegt und sich nicht mehr drehen kann. Manchmal ist ein Kaiserschnitt auch notwendig, wenn Zwillinge oder Drillinge geboren werden.

2 Notiere fünf Fragen für einen Steckbrief zum Thema „Meine Geburt“ auf einen Notizblock.

3 Stellt euch eure Fragen in Dreiergruppen vor, und einigt euch auf sechs wesentliche Fragen für den Steckbrief.

4 Legt euch in Sechsergruppen auf sieben Fragen fest, und schreibt sie auf Karteikärtchen.

5 Sammelt eure Fragekärtchen an der Tafel.

Es wäre schön,
wenn du ein Babyfoto
von dir aufkleben könntest.

6 Wähle Fragen für den Steckbrief zu deiner Geburt aus, und notiere sie.
Erkundige dich bei deinen Eltern über deine Geburt.
Fülle gemeinsam mit ihnen den Steckbrief aus.

Meine Geburt

1 Überlege, was ein Baby braucht. Notiere deine Ideen auf dem Stichwortzettel.

2 Sammelt alle Begriffe an der Tafel.

3 Unterhaltet euch in der Gruppe über die Bedeutung der einzelnen Begriffe für das Baby.

4 Notiert die Dinge, die sehr wichtig für das Baby sind, in der Mitte der Zielscheibe und die Dinge, die weniger wichtig sind, auf einem der äußeren Ringe.

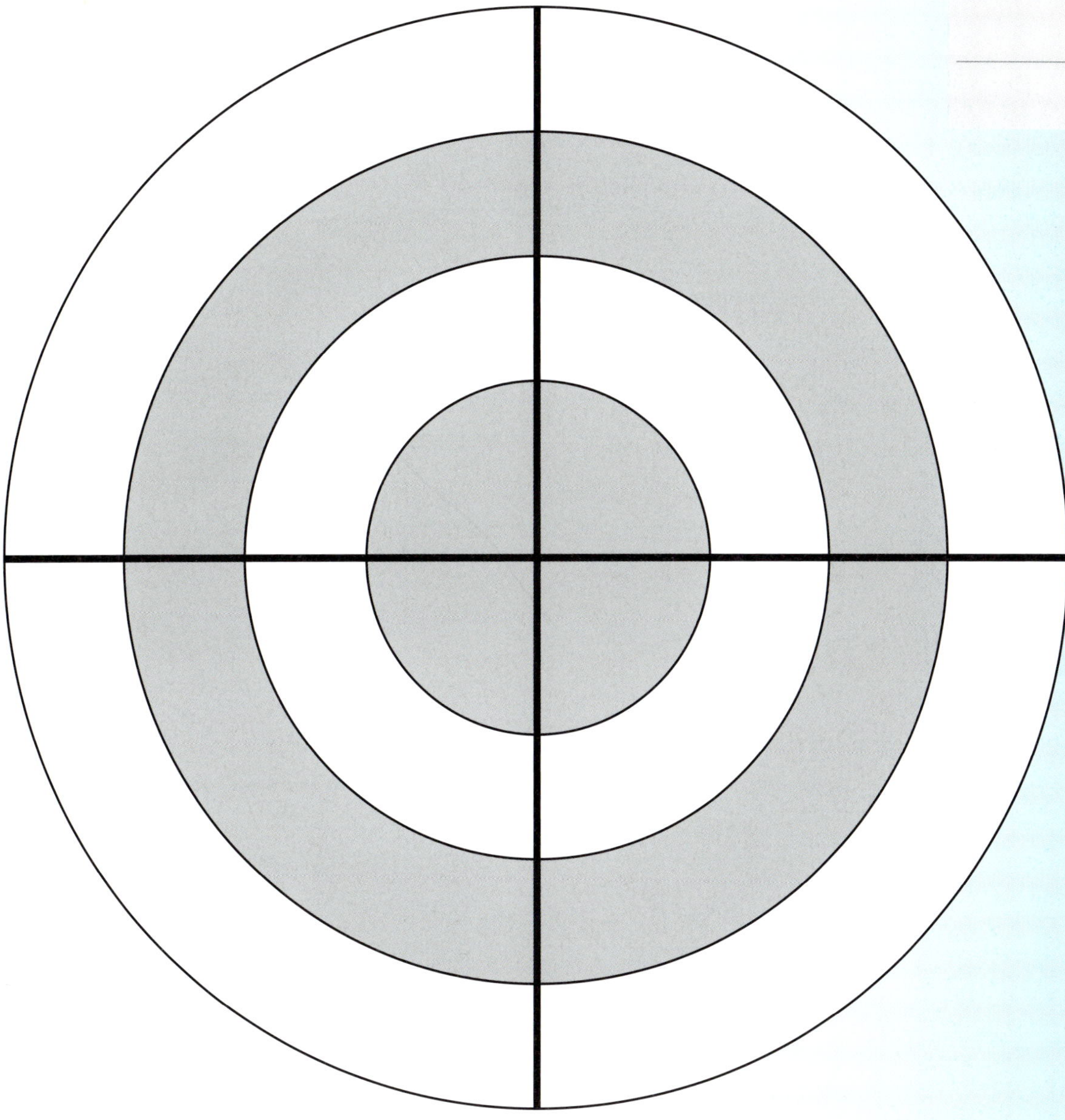

Notiert euch hier das Alter des Babys:

_______________ Monate

5 Plant in der Gruppe ein Interview. Notiert eure Fragen auf dem Notizblock.

6 Befragt eine Familie mit Baby nach dessen genauem Tagesablauf. Notiert euch auch die Uhrzeiten.

7 Gestaltet anhand eurer Ergebnisse die Baby-Uhr. Schneidet die Abbildungen aus, und klebt sie zu der richtigen Uhrzeit. Ihr könnt auch selbst Zeichnungen ergänzen.

8 Vergleicht, wie sich die Bedürfnisse von jüngeren und älteren Babys unterscheiden.

Der Tagesablauf eines Babys

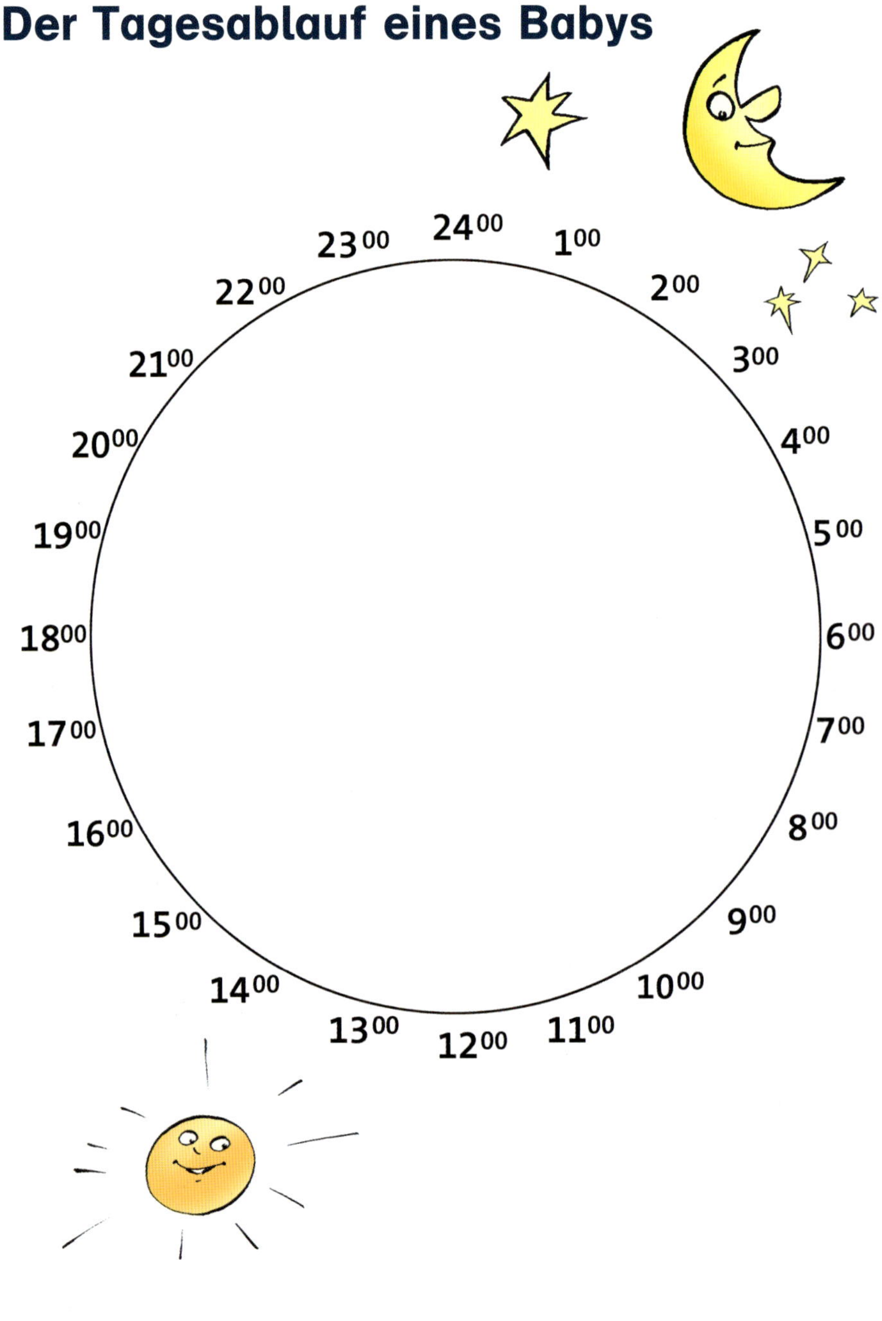